Jouons avec les instruments de musique !

Auteure : Karima Kebir

Édition: Janvier 2024

Droits d'Auteur et Avis de Non-Permission

ISBN 978-2-9822182-9-1

Édité par Karima Kebir, Ottawa, Ontario, Canada.
Publié en Janvier 2024.

INTRODUCTION

Bienvenue dans mon livre, créé spécifiquement pour les enfants de huit à quinze ans, dans le but de les encourager à apprendre tout en s'amusant avec des devinettes. Cette approche interactive et ludique invite les enfants à deviner l'instrument de musique secret à partir d'indices et des descriptions malicieuses. Chaque devinette est suivie au verso, d'une réponse astucieuse et de la photo correspondante, afin d'éclairer les esprits curieux.

Les devinettes favorisent l'interaction sociale, en étant souvent partagées et racontées en groupe, stimulant ainsi la communication verbale et le partage d'idées dans une atmosphère mémorable de joie et de rires. Les enfants explorent, tout en jouant, la diversité du monde musical et plongent dans le monde mystérieux de l'art. Ainsi, cet ouvrage serait idéal pour animer les rencontres entre amis, les soirées en famille et les discussions en salle de classe.

D'un autre côté, ce livre intègre délibérément quelques mots qui pourraient sembler difficiles ou nouveaux, dans le but d'enrichir le vocabulaire du lecteur et de l'auditeur. Ces termes sont mis en gras, et leur explication est disponible au début du livre dans la section "**Glossaire**".

À présent, à vous de jouer !

Glossaire

Caisse de résonnance (n.f.): Partie d'un instrument qui sert à recevoir et à amplifier le son produit par les cordes ou la membrane de celui-ci.

Coulissant (adj.): Qui glisse sur quelque chose.

Crin (n.m.): Poil long et épais qui pousse autour du cou et au niveau de la queue de certains animaux comme le cheval et le lion.

Cymbale (n.f.): Chacun des deux disques de cuivre ou de bronze d'un instrument à percussion, que l'on frappe l'un contre l'autre afin de produire un son.

Ébonite (n.f.): Matière plastique dure et isolante, obtenue par traitement à chaud du caoutchouc par du soufre.

Électrophone (n.m.): Instrument de musique qui produit du son à l'aide de l'électricité.

Flamenco (n.m.): Genre musical traditionnel d'Andalousie (Espagne), caractérisé par son expressivité, qui associe le chant et la danse.

Glossaire (Suite)

Folklorique (adj.): Relatif au folklore, ensemble des arts, traditions populaires et pratiques culturelles comme les croyances, les rites, et les fêtes.

Hémisphérique (adj.): Qui a la forme de la moitié d'une sphère.

Membrane (n.f.): Structure de faible épaisseur relativement à sa taille. Pour un instrument de musique, il s'agit d'une surface tendue qui vibre pour produire du son.

Outre (n.f.): Sac cousu à partir de peau animale et utilisé comme récipient d'eau, ou comme composant de l'instrument de musique en question.

Percussion (n.f.): Résultat de l'action de jouer des instruments en les frappant avec la main ou des baguettes, et dont le rôle est surtout rythmique.

Plectre (n.m.): Lamelle que l'on tient entre le pouce et l'index, utilisée pour faire vibrer les cordes de certains instruments de musique.

Symphonique (adj.): Qualifie ce qui se rapporte à la symphonie, composition musicale à plusieurs mouvements pour orchestre, exécutée par un nombre important d'instrumentistes.

C'est parti !

Je suis un instrument de **percussion** répandu à l'échelle mondiale.

Je suis constitué de barres de bois, de métal ou de matières synthétiques disposées par ordre de taille croissante.

Mes barres sont frappées avec de petites baguettes appelées maillets, créant ainsi une musique.

QUE SUIS-JE ?

LE XYLOPHONE

Je suis un grand instrument de musique à clavier, souvent noir et blanc.

Je possède un pédalier qui permet à celui qui me joue, de modifier le son en maintenant ou en relâchant les pédales.

J'ai été inventé en Italie par Bartolomeo Cristofori.

QUE SUIS-JE ?

LE PIANO

Je suis un instrument de musique à vent qui peut être facilement transporté dans une poche.

Je suis constitué d'un ensemble de lames métalliques fixées sur un support en plastique, en bois ou en métal.

Une mélodie est créée en me soufflant dedans, en bloquant ou en découvrant les différents trous avec la bouche.

QUE SUIS-JE ?

L'HARMONICA

Je suis un instrument de musique à vent, mince et élancé, souvent noire ou en bois coloré.

Je contiens des trous recouverts de touches, sur lesquelles les doigts du musicien jouent afin de produire différentes notes.

Je suis fabriqué en bois, en plastique ou en **ébonite**.

LA CLARINETTE

Je suis un instrument de musique à cordes pincées, très populaire.

Souvent, j'ai un corps en forme de 8, une branche, et six cordes parallèles, accordées de la plus grave à la plus aiguë.

J'ai évolué au fil des siècles, passant d'un instrument classique traditionnel à un instrument électrique moderne.

QUE SUIS-JE ?

LA GUITARE

Je fais partie des instruments de **percussion**, et je suis souvent utilisé dans les genres de musique latine.

Je consiste en une paire de petites sphères remplies de graines ou de billes, fixées chacune à l'extrémité d'une poignée.

Je suis secoué pour faire bouger les objets à l'intérieur des sphères, et donc de créer de la musique.

QUE SUIS-JE ?

LES MARACAS

Je suis un instrument de **percussion** traditionnel utilisé notamment dans la musique espagnole et **flamenco**.

Je consiste en deux coquilles surmontées de deux ou trois trous, reliées entre elles par un cordon.

On me tient entre les doigts, souvent une dans chaque main, et on fait claquer mes deux parties ensemble, créant ainsi un son rythmique distinctif.

QUE SUIS-JE ?

LES CASTAGNETTES

Je fais partie de la famille des instruments à cordes.

Je suis composé de quatre cordes principales tendues sur une **caisse de résonance** en bois.

Je produis des sons lorsque mes cordes sont frottées par un **archet**, habituellement conçu à partir de **crins** de cheval, ou parfois en étant pincées.

QUE SUIS-JE ?

LE VIOLON

Je suis un ensemble d'instruments de **percussion**, composé principalement de plusieurs tambours et d'un set de **cymbales**.

Je suis joué par une seule personne, souvent à l'aide de baguettes et de pédales.

Je suis utilisé comme base rythmique dans plusieurs genres musicaux, comme le Jazz, le rock ou le blues.

QUE SUIS-JE ?

LA BATTERIE

Je suis un instrument de musique portatif à vent.

Je suis composé d'une partie souple formée de plis en tissu ou en cuir, appelée soufflet, d'un clavier à la droite du musicien, et d'un ensemble de boutons à sa gauche.

Je suis utilisé dans une grande variété de genres musicaux, tels que le folk, le jazz, le tango, la musique classique et la musique populaire.

QUE SUIS-JE ?

L'ACCORDÉON

Je suis un instrument de musique à cordes pincées populaire de Russie.

Je possède un long manche, une **caisse de résonnance** triangulaire caractéristique, et souvent trois cordes.

Je suis joué le plus souvent au doigt et parfois avec un **plectre**.

QUE SUIS-JE ?

LE BALALAÏKA

Je suis un des plus anciens instruments de musique à cordes.

Je suis composé d'un cadre triangulaire généralement en bois, avec une série de cordes tendues verticalement entre la base et la partie supérieure de l'instrument.

Le musicien me joue en pinçant mes cordes avec ses doigts.

QUE SUIS-JE ?

LA HARPE

Je suis le plus grand instrument de la famille des instruments à cordes.

Je peux être joué en frottant mes cordes avec un **archet** ou en les pinçant avec les doigts.

Je joue un rôle significatif dans la musique classique au sein des orchestres **symphoniques**, ainsi que dans les ensembles de jazz .

QUE SUIS-JE ?

LA CONTREBASSE

Je suis un instrument à **percussion**, d'origine ouest-africaine.

Je suis composé d'un fût de bois en forme de coupe évasée se tenant sur un pied élevé, sur lequel est tendue une peau animale attachée par des lanières en cuir ou des cordes.

Principalement utilisé dans la musique traditionnelle africaine, je suis joué à mains nues, positionné entre les jambes.

QUE SUIS-JE ?

LE DJEMBÉ

Je suis un instrument de musique à cordes pincées originaire d'Inde.

Je possède une petite **caisse de résonnance hémisphérique** et d'un long manche creux.

On me joue assis par terre, en me posant sur le pied et en me calant sous le coude droit.

QUE SUIS-JE ?

LE SITAR

Je suis un instrument de musique à **percussion** constitué d'un fût sur lequel sont tendues une ou plusieurs peaux animales.

Je suis joué en frappant la surface des peaux avec les doigts ou avec des baguettes.

Je peux être conçu pour être portable, lorsque je ne suis pas imposant.

QUE SUIS-JE ?

LE TAMBOUR

Je suis un instrument de musique à vent de la famille des cuivres.

Je suis constitué d'un long tube en métal replié sur lui-même comme un S, se terminant par un large pavillon par lequel le son est émis.

Je possède un tube **coulissant** que le musicien fait glisser en l'allongeant ou en le raccourcissant, afin de changer le son.

QUE SUIS-JE ?

LE TROMBONE

Je suis un instrument de musique à cordes pincées originaire d'Afrique de l'Ouest et qui a été popularisé et développé aux États-Unis.

Mon corps est rond ou ovale, souvent fait en bois ou parfois en métal, sur lequel est tendue une **membrane** d’origine animale ou synthétique.

Muni d'un long manche, je présente souvent quatre ou cinq cordes en métal.

QUE SUIS-JE ?

LE BANJO

Je suis un instrument de musique électronique moderne, de la famille des **électrophones**.

J'ai le pouvoir d'imiter différents types de sons, donc de remplacer plein d'autres instruments musicaux, ainsi que de créer ma propre musique, au moyen de signaux électriques.

Je suis souvent équipé de claviers, mais parfois, je n'en possède pas.

QUE SUIS-JE ?

LE SYNTHÉTISEUR

Je suis un instrument de musique à vent, constitué d'une **outre** formée d'une peau de mouton, à partir de laquelle sortent plusieurs tuyaux en bois.

Je suis traditionnellement associé à la musique **folklorique** écossaise.

Je suis souvent utilisé lors d'événements tels que les mariages et les cérémonies militaires.

QUE SUIS-JE ?

LA CORNEMUSE

Combien d'instruments de musique as-tu réussi à deviner ?

J'ai réussi à en deviner

....

A quels instruments de musique veux-tu apprendre à jouer ?

J'aimerais apprendre à jouer

....

....

www.ingramcontent.com/pod-product-compliance
Lightning Source LLC
LaVergne TN
LVHW021310160826
845679LV00001B/286

* 9 7 8 2 9 8 2 2 1 8 2 9 1 *